PUBLICATIONS DE LA RÉUNION DES OFFICIERS

MÉLANGES MILITAIRES
XLV. XLVI.

DE

L'INSTRUCTION PRATIQUE

DE LA

COMPAGNIE D'INFANTERIE

PARIS

CH. TANERA, ÉDITEUR

LIBRAIRIE POUR L'ART MILITAIRE ET LES SCIENCES

Rue de Savoie, 6

1872

DE

L'INSTRUCTION PRATIQUE

DE LA

COMPAGNIE D'INFANTERIE

PUBLICATIONS DE LA RÉUNION DES OFFICIERS

744 — Paris, Imp. H. Carion, rue Bonaparte, 64.

DE

L'INSTRUCTION PRATIQUE

DE LA

COMPAGNIE D'INFANTERIE

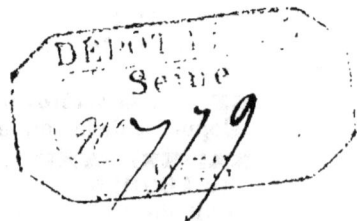

PARIS

CH. TANERA, ÉDITEUR

LIBRAIRIE POUR L'ART MILITAIRE ET LES SCIENCES

Rue de Savoie, 6

—

1872

DE

L'INSTRUCTION PRATIQUE

DE LA

COMPAGNIE D'INFANTERIE

Quelle que soit l'opinion que l'on peut avoir sur les modifications de la composition de la compagnie d'infanterie, il est, avant tout, un fait que l'on est forcé d'admettre : c'est la nécessité d'augmenter l'action du commandant de compagnie sur l'instruction et de donner un développement plus considérable aux exercices de tous genres hors du terrain de manœuvre.

L'étude de ce qui doit se faire. à la guerre manque complétement dans nos théories actuelles, et quelques traits seulement de cette instruction ont été indiqués dans l'école de tirailleurs de 1869. Le besoin s'en est cependant cruellement fait sentir, et il est incontestable qu'il est nécessaire de combler promptement cette lacune.

A première vue on peut considérer les manœuvres comme les règles abstraites de la guerre, et étudier successivement leurs applications à la suite de chaque école. Cette méthode est logique et très-séduisante. Seulement elle a l'inconvénient de séparer de l'application des manœuvres tout ce qui a trait au service en campagne proprement dit, et de compliquer et de scinder en réalité l'instruction pratique au lieu de la simplifier, en obligeant à faire des instructions séparées pourle service des grand'gardes, des marches, etc.

On aura d'ailleurs inévitablement la tendance à appliquer le plus tôt possible les manœuvres, au lieu de s'astreindre à la rectitude qu'il est nécessaire d'acquérir sur le terrain de manœuvre.

Nous pensons qu'il y a au contraire tout avantage à faire des manœuvres et de l'école pratique deux institutions *parallèles*, et à suivre pour la seconde, une progression naturelle indiquée par ce qui se passe à la guerre, en faisant *un tout* des exercices qui doivent être faits hors du terrain de manœuvre.

L'instruction à donner aux hommes serait alors de trois sortes :

1° Le dressage individuel de l'homme de recrue, ou école de soldat ;

2° L'étude des mouvements des groupes, nécessaires pour les marches, le maniement des agglomérations de troupes et les déploiements de colonnes.

Cette instruction, qui comprend les écoles de peloton, de bataillon et les évolutions de ligne, se donne sur un terrain de manœuvre.

3° L'école de guerre et de combat, pour ainsi dire, qui doit se donner sur les terrains les plus variés.

L'école de soldat est bien entendue par les règlements et elle est la base de toute instruction sérieuse et solide. Elle doit être complétée seulement, telle qu'elle est donnée par l'ordonnance, par des exercices de gymnastique et d'escrime, nécessaires pour assouplir les jeunes soldats et leur donner de la vigueur.

Les écoles de peloton et de bataillon et les évolutions de ligne devront être certainement modifiées pour être mises en rapport avec la nouvelle tactique et les changements qui seront apportés à la formation de l'infanterie. Les évolutions de ligne du terrain de manœuvre devront en outre être fort simplifiées et ne contenir que les mouvements les plus simples et les dispositions nécessaires pour la parade et les revues.

On a déjà fait un grand pas en 1866 et 1869, et il y a lieu de penser que la partie de ces ordonnances qui concerne l'école des tirailleurs est acquise pour l'avenir. Toutes ces dispositions sont éminemment sages et pratiques, et l'expérience de la dernière guerre n'a fait que confirmer leurs prévisions. Seulement on ne les exécutera sur le terrain de manœuvre qu'au point de vue mécanique et abstrait.

L'école de guerre et de combat comprendrait alors l'école de compagnie, l'école de bataillon, l'école de brigade avec le mélange des armes, et les évolutions, ou école de division, comprenant les grandes manœuvres et les formations de marche et de combat.

Pour rester dans les limites restreintes que nous nous sommes imposées nous ne parlerons que de l'école de compagnie, que nous intitulerons, pour éviter de grands mots, *Ecole pratique de la compagnie.*

ÉCOLE PRATIQUE DE LA COMPAGNIE.

On peut diviser cette école en cinq parties, se suivant progressivement, dans le but de préparer, autant que possible, le soldat et les chefs subalternes à leur rôle individuel en campagne.

Ces parties sont les suivantes : 1º Des avant-gardes ; 2º Des avant-postes ; 3º Des dispositions offensives ; 4º Des dispositions défensives ; 5º Des simulacres de combat.

Mais, avant d'entrer dans les détails de ces exercices, il est nécessaire de raisonner la progression adoptée relativement à l'étude du terrain, dont l'importance à la guerre est de plus en plus grande.

Il importe de pénétrer chacun, à tous les degrés de la hiérarchie, de la valeur et de l'utilité des accidents qu'il peut rencontrer : voyons dans quelle mesure nous pouvons obtenir ce résultat pour la compagnie d'infanterie.

DES ÉLÉMENTS PRATIQUES ET DE LA CONNAISSANCE DU TERRAIN.

On envisage le terrain, en topographie, au point de vue de sa forme, c'est-à-dire du nivellement et au point de vue de ce qui se trouve à sa surface, c'est-à-dire de la planimétrie.

Cette division est imposée par la nature même des choses : la planimétrie se compose du réseau des routes, chemins et sentiers, du réseau des lignes d'eau, des productions du sol, de ses divisions et des cultures, et enfin des constructions de toutes sortes ; le nivellement comprend les formes de la surface, dont la structure est donnée par les lignes de plus grandes pentes ou thalwegs et par les lignes de partage, qui forment deux réseaux superposés ayant leurs points d'intersection, l'un aux points les plus bas, l'autre aux points les plus élevés du terrain.

C'est le réseau même des lignes d'eau qui sert de trait d'union entre le nivellement et la planimétrie pour établir leur concordance.

Sur un plan relief à grande échelle, il est des plus faciles d'analyser le terrain et de déterminer son squelette, pour ainsi dire.

Mais il est loin d'en être ainsi dans la pratique, et le terrain présente à l'œil un aspect multiple et variant à chaque pas fait par l'observateur. La mémoire de l'œil n'est pas assez parfaite pour conserver toutes ces images successives, qui s'effacent au fur et à mesure, pour ne laisser qu'un souvenir vague et confus.

Aussi faut-il, à moins d'être doué d'une façon particulière, ne s'attacher à retenir que quelques traits principaux du terrain qui importent le plus à l'objet que l'on se propose.

Un peintre recherchera des effets de perspective et de lumière, un ingénieur étudiera les pentes et les courbes de niveau, un militaire examinera les propriétés du terrain relativement aux marches et aux combats ; mais, comme les points du vue auxquels ce dernier peut se placer par rapport à ses fonctions et au but proposé sont excessivement multiples, il importe de préciser par les premiers échelons de la hiérarchie les points auxquels il doit s'attacher pour perfectionner sa mémoire et connaître du terrain ce qui peut l'intéresser.

Nous commencerons naturellement par le soldat, qui n'est plus maintenant un automate, mais qui doit au contraire user d'une certaine initiative individuelle à laquelle il est indispensable de le préparer.

Il ne faut pas s'exagérer la difficulté d'apprendre aux hommes les éléments de la connaissance du terrain. Un grand nombre, nés à la campagne, sont préparés dès l'enfance à cette instruction, qui doit d'ailleurs être des plus simples et se borner :

    1º A savoir s'orienter ;

    2º A se diriger dans une direction donnée ;

    3º A connaître les issues principales des voies de communication ;

    4º A observer et apprécier, au point de vue du combat, les obstacles successifs qu'il rencontre.

    1º *De l'orientation.* — Le soldat ne doit jamais être perdu sur le terrain, et doit savoir de quel côté se diriger ; il faut pour cela qu'il sache s'orienter.

On fixera les idées du soldat sur les quatre points cardinaux, et on lui apprendra à les déterminer tant bien que mal d'après l'heure et la hauteur du soleil.

Une fois ces points connus, on habituera le soldat, tout en

marchant et en changeant de direction, à ne point les perdre de vue sur le terrain, en se servant de points de repère pris dans la campagne ou à l'horizon, lorsque celui-ci est assez étendu.

2° *De la direction*. — Les hommes doivent être appelés à faire des patrouilles et à servir d'éclaireurs aux avant-gardes.

On les exercera, dans ce but (à la première leçon des avant-gardes), à se porter dans une direction donnée à travers la campagne, en prenant simplement les chemins se rapprochant le plus de cette direction, de manière à arriver à un but déterminé.

On commencera en outre à faire remarquer aux soldats les villages et les principaux groupes de maisons ; on les habituera à se rappeler leurs noms et à en rendre compte.

3° *Des communications*. — Il est nécessaire, pour le service des avant-postes et des patrouilles, que les hommes connaissent les issues des principales voies de communication dans la zone de surveillance des grand'gardes. Cette instruction leur sera donnée à la deuxième leçon (Des grand' gardes). A cet effet, en se rendant sur le terrain, on apprendra aux hommes à s'enquérir et à reconnaître la direction générale et les postes où aboutissent les chemins qu'ils rencontrent. En arrivant sur l'emplacement de la grand'garde, les observations de chacun seront contrôlées et comparées, et l'on donnera aux hommes les indications nécessaires pour qu'ils se rendent bien compte de leur position.

4° *Des obstacles et des abris*. — Le soldat est appelé dans le combat à profiter de tous les abris qu'il rencontre et à chasser l'ennemi de ceux qu'il occupe. Il doit y être préparé de la manière la plus sérieuse dans les trois dernières leçons.

Les abris que peut utiliser le soldat sont offerts par les reliefs du terrain ou par ses dépressions, par des haies ou des

bois, par des murs ou des maisons. On l'habituera à reconnaître sur sa route les obstacles pouvant être utilisés
par une dizaine d'hommes et à remarquer, pour chacun
d'eux, l'étendue du front, le champ de tir en avant, les dé-
bouchés en avant et en arrière et la sécurité des flancs.

Il aura en outre à juger des obstacles en avant qui peuvent servir à l'ennemi, et il appliquera, pour apprécier
les distances, les connaissances qui lui ont été données aux
exercices préparatoires du tir.

Quand il saura apprécier la valeur de ces positions, on
lui apprendra à estimer leur importance relative dans la
marche en avant, et à observer le parcours qu'il sera
obligé de faire pour aller de l'un à l'autre sous le feu de
l'ennemi.

Là devra se borner l'instruction du soldat : elle sera suf-
fisante et profitable si elle est donnée avec soin. Les exercices de l'orientation serviront de point de départ à l'école
pratique sur le terrain ; les autres exercices sur les marches,
les communications et les obstacles, serviront de prélimi-
naires aux leçons correspondantes, et on reviendra constam-
ment sur leur application pendant la durée de l'instruction.

INSTRUCTION DES SOUS-OFFICIERS.

Les sous-officiers dirigeront naturellement l'instruction du
soldat dans tous ses détails, mais ils devront en outre profiter des connaissances plus étendues indiquées ci-après :

Les sous-officiers devront savoir s'orienter avec une bous-
sole simple, et connaître les éléments de la lecture des cartes.

A cet effet, pour leur faire comprendre les principes de la
similitude des figures sur lesquels repose la représentation
du terrain, on leur montrera des plans de rectangle simple
au 1/100, au 1/1000 et au 1/10000, tels que des cours, de

grandes salles, et on leur indiquera le rapport existant entre les longueurs sur le terrain et sur le plan et l'égalité des angles.

On leur fera exécuter des croquis très-simples pour confirmer leurs notions à ce sujet.

Puis on leur montrera sur le terrain des plans de cadastre au 1/10000, et on leur fera suivre leur chemin sur le plan.

Quand ces points seront bien acquis, on leur expliquera sommairement les principaux signes conventionnels des plans topographiques, et on terminera en leur apprenant à retrouver sur des cartes leur position sur le terrain.

Tout en surveillant le soldat dans son instruction sur les communications, les obstacles, etc., les sous-officiers devront juger du terrain sur un front plus étendu, de manière à pouvoir diriger plusieurs escouades sur un front de 200 à 300 mètres par exemple. Ils devront également apprécier les abords et les issues de tous les villages, groupes de maisons et bois qu'ils rencontrent.

INSTRUCTION DES OFFICIERS.

Nous n'entendons parler que de l'instruction obligatoire pour tous les officiers : ceux qui sortent des écoles devront perfectionner leurs connaissances le plus possible.

Tous les officiers devront servir d'instructeurs aux sous-officiers, caporaux et soldats pour les exercices sur le terrain.

Ils devront savoir lire une carte topographique. Le capitaine leur expliquera les signes conventionnels, leur fera commenter une carte, et leur fera appliquer les explications sur le terrain.

Ils doivent en outre pouvoir, à l'aide de croquis les plus élémentaires, fixer à peu près la position des villages à

1,000 mètres à droite et à gauche de la route parcourue d'après le modèle d'itinéraire le plus simple, en indiquant les aboutissants des routes et des chemins.

Ils devront remarquer la direction des grands cours d'eau pouvant servir d'obstacle, la nature du terrain quant à son parcours, les villages, les groupes de maisons et les bois ainsi que leurs abords, la direction et la nature des principaux mouvements de terrain, en observant la similitude des mouvements du sol dans les terrains de même nature.

Dans l'étude des positions successives du combat, ils auront à observer le terrain sur un front de 500 à 600 mètres environ, et à apprécier la valeur relative de tous les obstacles, en tenant compte du défilement, pour être en mesure de trouver des lignes de défense dans les meilleures conditions possibles.

PREMIÈRE LEÇON. — *Des avant-gardes.*

Les exercices de cette leçon seront, à proprement parler, la base des études sur le terrain.

On commencera par donner aux hommes les premières indications sur l'orientation; puis, les escouades qui seront supposées composer différentes pointes d'avant-gardes seront dirigées dans des directions diverses.

Chaque escouade sera partagée en groupes de deux à trois hommes, avec un soldat de première classe, le caporal se tenant au groupe du centre. Les groupes pourront être distants de 50 à 100 mètres, suivant le terrain. On se portera ainsi en avant pendant deux à trois kilomètres les premières fois, les hommes s'habituant à observer l'orientation et à conserver leur direction générale, malgré les sinuosités des chemins.

Petit à petit, on habituera les hommes à s'avancer avec précaution, en se faisant voir le moins possible, et à rechercher sur leur route les points d'où ils peuvent voir de plus loin.

Lorsque ces exercices se feront bien par escouade, on réunira les sections.

Le chef de section mettra une escouade en pointe d'avant-garde, deux escouades en flanqueurs et la quatrième en soutien, chaque escouade, sauf celle de soutien, étant séparée par petits groupes. On se portera ainsi, comme précédemment, dans une direction donnée. Plus les distances entre les éclaireurs et les flanqueurs seront grandes, plus le soutien devra être éloigné pour ne pas être compromis : il faut d'ailleurs faire comprendre aux hommes qu'ils doivent être d'autant plus entreprenants qu'ils sont moins nombreux et plus éloignés du groupe principal, qu'ils compromettent ainsi beaucoup moins. On augmentera les intervalles suivant les terrains et en raison de l'habitude qu'auront les hommes de ces exercices.

Les sous-officiers et les officiers, tout en dirigeant cette instruction, observeront le terrain avec soin, pour être en état de rendre compte de leurs remarques au capitaine. A la fin de la séance, celui-ci réunira la compagnie, et après avoir appelé à lui les officiers, sous-officiers et chefs d'escouades, il se fera rendre compte successivement des opérations et relèvera les fautes commises. Il aura soin, d'ailleurs, de commencer cette instruction dans les terrains les plus ouverts et les plus faciles, et de n'augmenter les difficultés que progressivement.

Lorsque ces points seront bien compris, le capitaine dirigera les deux sections, par un circuit, à la rencontre l'une de l'autre.

Les deux troupes marcheront l'une vers l'autre dans l'ordre indiqué ci-dessus, cherchant réciproquement à se rendre compte de leur marche et de l'importance de la position des soutiens.

La distance maximum à parcourir pour les hommes dans ces exercices ne dépassera pas une vingtaine de kilomètres, en y comprenant tout le trajet de la caserne, aller et retour. Les chefs de section pourront changer leur direction pour dérober leur marche, et le but principal sera de tâter l'adversaire sans se découvrir.

Le capitaine réunira les sections à la fin de la séance et notifiera les erreurs commises : il veillera à ce que les chefs de section modifient leur ordre de marche suivant la nature du terrain.

Cette leçon pourra être donnée en six séances : deux séances pour les exercices préparatoires par escouade, deux séances pour les exercices par section, et deux autres pour les exercices des sections opposées l'une à l'autre.

DEUXIÈME LEÇON. — *Des grand'gardes.*

Cette leçon sera la première application de l'étude du terrain faite à la première leçon.

Les officiers feront des croquis élémentaires à l'appui de leurs rapports verbaux, en tâchant de reconnaître et de faire remarquer les positions avantageuses que le terrain peut présenter. Les sous-officiers remarqueront la nature des villages, groupes de maisons et bois et s'efforceront de se souvenir de leurs positions relatives. Les soldats observeront les communications principales et leurs aboutissants.

Le capitaine indiquera une ligne représentant le front d'une armée et se placera en grand'garde pour garder une portion de cette ligne. En arrivant sur l'emplacement choisi, les observations faites pendant la route seront contrôlées et corrigées, celles des soldats et caporaux par les sous-officiers, celles des sous-officiers et des officiers par le capitaine.

En principe, une moitié de la compagnie formera le poste principal, l'autre moitié les petits postes et les sentinelles. Le capitaine fera d'abord placer les petits postes et les sentinelles par les officiers, et rectifiera ensuite leur position. Ils ne seront pas établis à distances égales et sur une ligne, mais d'après la nature du terrain. On appliquera, en un mot, toutes les dispositions du service en campagne, en observant toutefois de composer les petits postes avec des fractions constituées.

Les sous-officiers et officiers de section auront la surveillance de la fraction de la ligne gardée par leur troupe et se tiendront avec elle.

Les petites patrouilles et les rondes pour la surveillance des sentinelles seront faites par les officiers, les sous-officiers et des hommes de première classe des petits postes.

Les grandes patrouilles et découvertes seront faites par des fractions du soutien.

Le capitaine supposera ensuite qu'il est isolé avec sa compagnie et obligé de se garder de plusieurs côtés : il ne devra détacher alors que le quart de son effectif. On pourra appliquer dans ce cas les idées émises par le maréchal Bugeaud, sur la manière de se garder dans les postes détachés.

Lorsque ce service sera bien compris, une section de la compagnie sera détachée en avant et devra chercher, soit à surprendre les petits postes, soit à s'approcher le plus près possible de la grand'garde, chaque soutien de la compagnie changeant de rôle tour à tour.

Quand la grand'garde sera supposée faire partie d'une ligne de bataille, le détachement chargé de la surprendre ne pourra s'avancer que sur son front. Il aura toute latitude quand le poste sera supposé isolé.

Dans la belle saison, les exercices pourront être faits de nuit, les hommes emportant de quoi faire le café au point du jour ; on ne dressera pas la petite tente, mais les hommes bivaqueront, ainsi que les officiers.

Dans les exercices sur les grand'gardes, qui doivent être complétés à l'école pratique du bataillon, on n'envisagera pas les grand'gardes au point de vue défensif, mais seulement sous le rapport de la surveillance à exercer.

Cette leçon pourra être donnée en six séances : deux séances pour les grand'gardes dans une ligne, deux séances pour les grand'gardes isolées, et deux autres pour les surprises.

TROISIÈME LEÇON. — *Des dispositions offensives.*

Cette instruction consistera dans l'exécution, hors du terrain de manœuvre, de l'école de tirailleurs de l'ordonnance de 1869.

Chaque escouade sera d'abord déployée séparément sur un front égal environ à quatre ou cinq fois le nombre de pas qu'il y a d'hommes dans l'escouade.

Puis l'escouade sera portée en avant et on apprendra aux hommes à profiter des obstacles qu'ils rencontrent et à les apprécier comme nous l'avons expliqué plus haut, à propos de l'étude du terrain. Les hommes ne seront astreints ni à l'alignement ni à l'égalité de distance entre eux, et on les habituera à s'abriter le mieux possible et à prendre des dispositions commodes pour tirer.

On enverra ensuite deux escouades ensemble et on les fera porter successivement par échelon. Les officiers se porteront souvent en avant des escouades pour mieux juger des mouvements et apprécier si les hommes s'abritent bien.

2

Le capitaine choisira pour ces exercices des terrains où les abris soient nombreux et assez rapprochés.

Lorsque les principes seront bien compris, le capitaine réunira la compagnie et prendra la formation de combat, qui sera la suivante : la moitié de la compagnie en réserve, le quart en soutien de la ligne des tirailleurs, et le dernier quart en tirailleurs.

La moyenne distance entre les tirailleurs sera de 4 à 5 pas : le soutien sera à 100 ou 300 mètres en arrière, et la réserve à 5 ou 600 mètres, suivant les terrains.

Les escouades de soutien, ainsi que la réserve, se formeront sur deux rangs, mais elles devront avant tout se tenir à l'abri, et modifieront leur formation en conséquence.

Du commandement. — Il faut que le chef se rende compte du terrain et ne fasse rien au hasard, sous peine de voir un adversaire plus intelligent profiter des avantages qui lui sont laissés : il doit aussi se pénétrer de cette maxime : réussir avec le moins de perte possible.

Si le terrain est ouvert, il doit se tenir avec le gros pour diriger l'ensemble des mouvements : si le terrain est couvert et difficile, il doit se tenir en tête de l'attaque pour la diriger et juger du moment où il faudra se lancer en avant, engager les réserves ou décider la retraite.

Le maniement d'une ligne de tirailleurs est fort difficile, et le succès dépend complétement de la direction : il faut que les tirailleurs, tout en ayant une action individuelle, n'échappent pas à la main des chefs.

Leurs intervalles sont variables et la ligne peut présenter des rentrants et des saillants, suivant les dispositions du sol; la ligne n'est même pas continue et peut offrir des espaces dégarnis.

Les tirailleurs sont toujours groupés par escouade pouvant se réunir à un moment donné, lorsque le terrain le permet, pour exécuter des feux d'ensemble, qui sont toujours d'un grand effet moral sur l'ennemi. Ces groupes s'avancent par bonds successifs, sans jamais s'astreindre à un alignement quelconque.

Le chef de la ligne profite de tous les obstacles pour se placer dans une position avantageuse : un mur, une haie, un bouquet de bois, un léger déblai, peuvent permettre d'avancer sur un point et de prendre d'écharpe une partie de la ligne ennemie.

Relèvement des tirailleurs. — Il faut relever le plus souvent possible les tirailleurs : les hommes les mieux trempés se fatiguent à la longue au feu. Relevés à temps et ramenés au combat, ils n'en auront que plus d'action ; il faut tenir compte de cette fatigue toute physique chez les meilleurs pour ne pas s'exposer à trop demander au soldat.

Seulement, pour être possibles, les relèvements ne doivent être que partiels et se faire par escouade, en profitant d'un mouvement en avant pour faire dépasser les tirailleurs par une escouade de soutien, tandis que l'escouade qu'elle remplace devient soutien à son tour ; en faisant passer successivement les escouades de réserve au soutien, le capitaine pourra exercer tous les hommes au service de tirailleurs.

Des renforts. — La déplorable habitude de s'entasser sur des terrains de manœuvre ôte la confiance dès que l'on se trouve plus au large : on se voit toujours sans appui, sans soutien ou tourné par ses flancs, et les demandes de secours de se multiplier. Il faut, par des exercices continuels, habituer à l'initiative, à compter sur soi et non sur les autres, et préparer chacun aux mouvements larges et aisés de la guerre.

Il faut toujours, au début, exposer le moins de monde possible et garder pour l'instant décisif les soutiens et les réserves. On juge du moment où une hésitation de l'ennemi ou un ralentissement dans son feu permet de faire un bond en avant derrière un nouvel obstacle ; mais il faut proscrire les mouvements instinctifs et isolés.

Si un renfort devient nécessaire, il est préférable, autant que possible, de ne pas doubler la ligne des tirailleurs, mais d'avancer le renfort, si le terrain le permet, sur les flancs de l'attaque. Il est facile d'en comprendre tout l'avantage ; cependant, comme on peut être contraint, à un moment donné, de renforcer la ligne de tirailleurs en la doublant, il est nécessaire de répéter cet exercice, ainsi que le prescrit l'école des tirailleurs.

De la retraite. La retraite se fera, autant que possible, en échelons ou en échiquier. Elle peut être définitive ou résulter seulement des alternatives du combat.

Si la ligne est serrée de trop près par l'ennemi, quelques escouades de soutien pourront se laisser dépasser par les tirailleurs et faire des feux à commandement contre les groupes. Les tirailleurs pourront aussi exécuter les ralliements par escouades et par demi-sections contre la cavalerie, et faire, ainsi groupés, des feux à volonté ou à commandement, suivant qu'ils auront à faire à des hommes isolés ou à des groupes.

Principes de l'attaque de vive force. Le capitaine profitera des différentes circonstances de ces exercices pour donner aux hommes et aux sous-officiers les principes de l'attaque.

Pour l'attaque d'un poste ou d'une position définie, les tirailleurs s'approcheront le plus possible de la ligne ennemie, pour l'ébranler avant de se lancer en avant.

Il faut toujours conserver une réserve intacte, en cas de retour offensif.

Des obstacles matériels, tels que murs crénelés, etc., ne doivent pas, autant que possible, être abordés de front s'ils sont défendus par des troupes solides ; mais il est bien rare que l'on ne puisse pas les attaquer de flanc ou trouver un endroit faible pour les aborder.

Si, comme il arrive fréquemment dans les attaques de villages, on se trouve à 25 ou 30 pas de l'ennemi, il faut charger résolûment à la baïonnette, sans tirer. C'est le plus sûr moyen de perdre moins de monde, et l'assaillant aura toujours l'avantage.

Mais ce qu'il importe surtout dans l'attaque, c'est de ne pas faire en avant un faux pas inutile, qui oblige à abandonner avec pertes une position chèrement achetée. Il faut prémunir d'avance chacun contre ces dangereux entraînements.

Des feux. — Lorsque ces exercices seront bien compris et qu'officiers, sous-officiers et soldats, chacun dans leur rôle, sauront apprécier et utiliser les positions et les obstacles, le capitaine fera exécuter les feux pour confirmer les principes acquis dans cette leçon.

A cet effet, les sections seront opposées l'une à l'autre à une distance de 2,000 mètres, et marcheront en avant en appliquant ce qui a été prescrit pour la compagnie. Le feu à volonté est le feu naturel des tirailleurs, mais il faut le régler, le modérer, et obtenir des hommes le calme et le sang-froid. Les officiers et les sous-officiers feront commencer et cesser le feu et détermineront son intensité. Ils observeront avec soin les fautes commises par les hommes de la section qui leur est opposée, pour les faire rectifier. On habituera surtout l'homme à bien s'établir pour tirer et à viser toujours un but.

Tout ce qui est dit à ce sujet dans l'école des tirailleurs est parfait. Il est seulement une prescription que je ne peux m'empêcher de condamner. C'est celle qui engage les hommes à se baisser en se courbant pour traverser un terrain découvert Hélas! au feu, les hommes se baissent bien assez, sans que l'on soit obligé de le mettre dans la théorie. Que les soldats se blotissent derrière un obstacle pour faire le coup de feu, rien de mieux ; mais s'il faut s'avancer à découvert, qu'ils le fassent la tête haute, sans encourager l'ennemi par une attitude craintive ; d'ailleurs les blessures obliques sont bien plus dangereuses, et j'en appelle à ceux qui ont subi un feu de mousqueterie un peu vif pour savoir la sécurité que l'on gagne à se plier en deux pour avancer. Les deux sections ne s'approcheront pas à plus de deux à trois cents mètres, et le capitaine se tiendra entre les deux lignes, avec un clairon, pour mieux apprécier et vérifier les fautes commises.

Chaque section exécutera, suivant le terrain, les différents mouvements prescrits à l'école des tirailleurs.

Le capitaine laissera quelquefois commettre des fautes dans les mouvements des tirailleurs, afin d'en mieux faire comprendre les conséquences, et après chaque séance il réunira les officiers, les sous-officiers et chefs d'escouades pour commenter et expliquer les opérations.

Cette leçon pourra être donnée en six séances : deux séances pour les déploiements par escouade, deux séances pour les exercices de la compagnie réunie, et deux séances pour l'exécution des feux, pour lesquels seront alloués dix cartouches par homme par séance.

QUATRIÈME LEÇON. — *Des dispositions offensives.*

Les exercices de cette leçon consistent dans la mise en état de défense des lieux habités et celle des terrains ordinaires par les tranchées-abris.

La pelle et la pioche sont appelées à devenir les armes défensives de l'infanterie, qui, sous la direction de ses officiers, doit arriver à se suffire à elle-même pour la construction des retranchements passagers.

Il semble essentiel à cet effet de faire faire des exercices préparatoires en temps de paix, autant pour habituer les hommes à exécuter rapidement ces travaux, que pour apprendre aux officiers à profiter de toutes les ressources du terrain.

On en viendra, pensons-nous, à donner des outils portatifs à l'infanterie : déjà en Autriche on semble entrer dans cette voie : il faudrait environ deux pelles et une pioche pour six hommes, mais on pourra toujours, pour les exercices, emprunter les outils nécessaires au génie (1).

Il faudra compter un homme par deux ou trois mètres courants pour le déploiement de la ligne de défense de la compagnie, qui laissera une section en réserve.

Seulement cette ligne peut être parfaitement interrompue suivant les accidents du sol, et par conséquent allongée. Les lignes à intervalle, bien combinées, sont sans contredit les meilleures, surtout si elles sont en échiquier, de manière à flanquer les abris de la première ligne par ceux de la seconde, et à ne point donner à l'ennemi un point de tir uniforme.

La réserve sera placée à l'abri, prête à soutenir la ligne ou à exécuter des retours offensifs.

C'est par la pratique et la discussion sur le terrain que l'on fera comprendre l'application des principes, qui ne peuvent qu'être fort généraux.

Pour les lieux habités, on ne pourra naturellement que discuter ce qu'il y aurait à faire, et l'on expliquera aux hommes la mise en état de défense dans tous ses détails. Des hommes seront ensuite placés devant les endroits supposés mis en état de défense, afin de mieux faire saisir l'ensemble.

---

(1) La Réunion des Officiers fera paraître prochainement un petit volume intitulé : *les Sapeurs d'infanterie*, qui attirera certainement une attention toute particulière.   (*N. de la R.*)

On mettra les troupes en garde contre le danger de s'établir dans des maisons lorsque l'on aura affaire à de l'artillerie, et on les préviendra de l'avantage qui existe à masquer sa ligne de feux en tirant, par exemple, de préférence par-dessus la crête de murs non masqués par des taillis, plutôt que d'y percer des créneaux, et à placer des tirailleurs dans les jardins entourant les villages, en se réservant les maisons comme deuxième ligne de défense, dans le cas d'une attaque de vive force qui ne permette plus à l'ennemi de faire usage de son artillerie.

La première partie de ces exercices consistera, comme nous l'avons déjà dit, en discussions sur le terrain, principalement dans les lieux habités. Des lignes de tirailleurs indiqueront les tranchées et les travaux projetés. Les sous-officiers prendront part à ces discussions, et les officiers feront des croquis du terrain et des lignes de défense.

On consacrera deux séances à ces exercices ; deux autres séances seront destinées à l'exécution de travaux dans les terrains avoisinant la garnison qui pourront être disponibles à cet effet.

Les officiers et sous-officiers s'attacheront à bien répartir les ateliers d'ouvriers suivant la nature du sol et à calculer le temps nécessaire pour l'achèvement des travaux.

On montrera également aux sous-officiers et aux soldats les travaux qui peuvent être faits pendant le combat, tels que l'écrètement d'une berge ou d'un talus pour y loger des tirailleurs, ou d'autres travaux du même genre destinés à permettre, pendant le combat, de prendre à un moment donné une situation défensive.

Les officiers, sous-officiers et caporaux se porteront en avant des abris pour bien en juger l'utilité et changer leurs dispositions, s'il y a lieu.

CINQUIÈME LEÇON. — *Des simulacres de combat.*

Lorsque toutes les parties de cette instruction auront été successivement étudiées et bien comprises, le commandant de la compagnie fera exécuter sous sa direction, aux deux moitiés de la compagnie opposées l'une à l'autre, des opérations de diverse sorte, en indiquant seulement le rôle général de chacune.

Le capitaine sera naturellement l'arbitre et se tiendra entre les lignes avec un clairon. Lorsqu'il voudra faire suspendre un mouvement ou en faire exécuter un imposé par les circonstances du combat, il fera sonner *halte*, précédé du *garde à vous*.

Tous les mouvements seront suspendus jusqu'à la sonnerie en avant, également précédée du *garde à vous*.

De simples directions générales seront d'abord données aux colonnes, qui marcheront l'une vers l'autre et chercheront à gagner du terrain.

Puis dans d'autres séances on assignera une position défensive à l'une des fractions, et l'autre devra chercher à s'emparer de la position.

Ces exercices demanderont beaucoup de prudence et de ménagement de la part des officiers, et l'on ne devra jamais pousser les opérations assez loin pour avoir à tenir compte de l'élément moral dans le combat.

L'intérêt de ces exercices consistera surtout dans les manœuvres et les tâtonnements qui précèdent le combat, et ils auront pour résultat d'habituer chacun à utiliser toutes les ressources du terrain. Ils seraient impraticables sans aucune préparation ; mais, exécutés seulement à la suite des instructions dont nous venons de donner le détail, ils ne peuvent que produire les meilleurs résultats et doivent être un acheminement aux manœuvres du même genre, sur une plus grande échelle, qu'il importe d'introduire dans notre armée.

On ne peut que donner quelques indications générales pour les opérations qui dépendront de la nature du terrain que l'on aura à sa disposition.

Quatre séances seront consacrées aux exercices des sections de la compagnie opposées l'une à l'autre.

Le capitaine déterminera les programmes de ces séances, qui seront soumis à l'approbation du chef de bataillon. Dans quatre dernières séances la compagnie entière sera opposée à une autre compagnie du bataillon, et le chef de bataillon, secondé par un adjudant-major, sera naturellement l'arbitre des opérations.

Il sera alloué vingt cartouches par homme pour tous les exercices de cette leçon.

RÉSUMÉ.

Nous avons vu que cette instruction pratique comprenait cinq leçons, qui pouvaient être données :

La première en six séances ; la deuxième en six ; la troisième en six ; la quatrième en quatre, et la cinquième en huit séances. — Total trente séances.

Cette fixation n'a rien d'absolu ; elle doit servir de guide à l'instructeur et est donnée comme moyenne.

En mettant trois séances par semaine, toute l'instruction pourra être donnée en deux mois et demi, concurremment avec l'école de peloton, et se terminer à la mi-juin, si la reprise de l'instruction a lieu le 1er avril.

L'école de bataillon et l'instruction pratique du bataillon pourraient être suivies alors de la mi-juin à la fin de juillet.

Août serait consacré aux exercices de brigade avec le mélange des armes, et septembre et octobre aux grandes évolutions de division et de corps d'armée, après la clôture des inspections générales.

Pendant l'hiver on donnerait l'instruction des recrues, l'école du soldat dans tous ses détails et les théories dans les chambres.

NOTA. — Il est bon de remarquer qu'il est préférable de choisir, pour la première leçon, des terrains peu accidentés et coupés de nombreuses voies de communication ; pour la deuxième, des terrains progressivement variés ; pour la troisième, des terrains accidentés, et pour les deux dernières séances de la quatrième, des terrains en friche.

CH. TANERA, ÉDITEUR

LIBRAIRIE POUR L'ART MILITAIRE ET LES SCIENCES

RUE DE SAVOIE, 6, A PARIS

EXTRAIT DU CATALOGUE

ARTILLERIE (L') de campagne française; étude comparative du canon rayé français et des canons étrangers. Br. in-8°.   1 fr. 50

BORMANN. — Nouvel obus pour bouches à feu rayées. Br. in-8° avec planche. . . . . 2 fr.

CHARRIN. — Le revolver, ses défauts et les améliorations qu'il devrait subir au point de vue de l'attaque et de la défense individuelles. Br. in-8° . . . . 1 fr.

CHARRIN. — De l'emploi d'un abri improvisé, expéditif et efficace pour protéger le fantassin contre les balles de l'ennemi. Le hâvre-sac pare-balles. Br. in-8° avec figures. . . 1 fr. 25

COYNART (DE). — Précis de la guerre des États-Unis d'Amérique. 1 vol. in-8° . . . . 5 fr.

COSTA DE SERDA. — Les chemins de fer au point de vue militaire. Extrait des instructions officielles et traduit de l'allemand. 1 vol. in-8° . . . . 3 fr.

FIX. — La télégraphie militaire; résumé des conférences faites à l'École d'application du corps d'état-major. Br. grand in-8 avec planche. . . . . 2 fr. 50

FRITSCH-LANG. — L'artillerie rayée prussienne à l'attaque de Düppel, d'après les auteurs allemands. Br. in-8° avec carte. 2 fr. 50

GRATRY. — Essai sur les ponts mobiles militaires. 1 vol. grand in-8° avec planches. . . . . 8 fr.

GRATRY. — Description des appareils de maçonnerie les plus remarquables employés dans les constructions en briques. 1 vol. grand in-8° avec de nombreuses gravures sur bois . . 6 fr.

HENRY. — Essai sur la tactique élémentaire de l'infanterie, mise en rapport avec le perfectionnement des armes. Br. in-8° avec figures . . . . 2 fr.

LE BOULENGÉ. — Études de balistique expérimentale. Détermination au moyen de la clepsydre électrique de la durée des trajectoires; expériences exécutées avec cet instrument; lois de la résistance de l'air sur les projectiles des canons rayés déduites des résultats obtenus. Br. in-8° avec planches. . . . 4 fr.

LECOMTE. — Études d'histoire militaire, antiquité et moyen âge. 1 vol. in-8° . . . . 5 fr.

LECOMTE. — Études d'histoire militaire, temps modernes jusqu'à la fin du règne de Louis XIV. 1 vol. in-8°. . . . . . 5 fr.

LECOMTE. — Guerre de la Prusse et de l'Italie contre l'Autriche et la Confédération germanique en 1866; relation historique et critique. 2 vol. grand in-8° avec cartes et plans. . 20 fr.

LECOMTE. — Guerre de la sécession; Esquisse des événements militaires et politiques des États-Unis, de 1861 à 1865. 3 vol. grand in-8° avec cartes. . . . . 15 fr.

LECOMTE. — Le général Jomini, sa vie et ses écrits. Esquisse biographique et stratégique. 1 vol. in-8° avec carte. 7 fr. 50

LIBIOULLE. — Le revolver Galand, nouveau système à percussion centrale et extracteur automatique. Br. in-8° avec fig. 1 fr.

LULLIER. — La vérité sur la campagne de Bohême en 1866, ou les quatre grandes fautes militaires des Prussiens. Br. in-8°. 1 fr.

MANGEOT. — Traité du fusil de chasse et des armes de précision, nouvelle édition. 1 vol. in-8° avec figures dans le texte. et planches . . . . 5 fr.

MARNIER. — Souvenirs de guerre en temps de paix : 1793, 1806, 1823, 1862, récits historiques et anecdotiques extraits de ses Mémoires inédits. 1 vol. in-8°. . . . . 3 fr.

MOSCHELL. — De l'effet du tir à la guerre et de ses causes perturbatrices. Br. in-8°. . . . . 1 fr.

ODIARDI. — Des nouvelles armes à feu portatives adoptées ou à l'étude dans l'armée italienne. Br. in-8° avec planche. . 2 fr.

ODIARDI. — Des balles explosibles et incendiaires. Br. in-8. avec planche. . . . . 2 fr.

PIRON. — Manuel théorique du mineur; nouvelle théorie des mines, précédée d'un exposé critique de la méthode en usage pour calculer la charge et les effets des fourneaux, et d'une étude sur la poudre de guerre. 1 vol. grand in-8° avec pl. 12 fr.

PIRON. — Essai sur la défense des eaux et sur la construction des barrages. 1 vol. grand in-8° avec planches. . . . 6 fr.

PLOENNIES (DE). — Le fusil à aiguille, notes et observations critiques sur l'arme à feu se chargeant par la culasse, traduit de l'allemand par E. Heydt. Br. in-8° avec planche. . . . 3 fr.

QUESTIONS de stratégie et d'organisation militaire relative aux événements de la guerre de Bohême, par un officier général (Jomini). Br. in-8°. . . . . 1 fr.

SCHMIDT. — Le développement des armes à feu et autres engins de guerre, depuis l'invention de la poudre à tirer jusqu'aux temps modernes. 1 vol. in-8°, avec 107 planches. . . 10 fr.

SCHOTT. — Des forts détachés, traduit de l'allemand par Bacharach. Br. in-8° avec planche . . . . 2 fr.

SCHULTZE. — La nouvelle poudre à canon, dite poudre Schultze, et ses avantages sur la poudre à canon ordinaire et autres produits analogues. Traduit de l'allemand par W. Reymond. Brochure in-8°. . . . . 2 fr.

TACKELS. — Étude sur le pistolet au point de vue de l'armement des officiers. Br. in-8° avec figures . . . . 1 fr. 50

TACKELS. — Conférences sur le tir, et projets divers relatifs au nouvel armement. 1 vol. in-8° avec planches . . . 5 fr.

TACKELS. — Étude sur les armes à feu portatives, les projectiles et les armes se chargeant par la culasse. 1 vol. in-8° avec pl. 6 fr.

TACKELS. — Les fusils Chassepot et Albini, adoptés respectivement en France et en Belgique. Br. in-8° avec planches. 2 fr.

TACKELS. — Armes de guerre; Étude pratique sur les armes se chargeant par la culasse; les mitrailleuses et leurs munitions; le canon Montigny-Eberhaerd; le fusil Montigny; les fusils Charrin, Remington, Jenks, Cochran, Howard, Peabody, Dreyse, Chassepot, Snider, Terssen, Albini; les cartouches périphériques, etc., etc. 1 vol. in-8° avec planches. . . . . . 8 fr.

TACKELS. — La carabine Tackels-Gerard, nouveau système de culasse mobile, dite à bloc, à percussion centrale pour armes de guerre. Br. in-8° . . . . 50 c.

TACKELS. — Le nouvel armement de la cavalerie depuis l'adoption de l'arme se chargeant par la culasse. 1 vol. in-8°, avec planches. . . . . 5 fr.

UNGER. — Histoire critique des exploits et vicissitudes de la cavalerie pendant les guerres de la Révolution et de l'Empire jusqu'à l'armistice du 4 juin 1813, d'après l'allemand. 2 volumes in-8° . . . . 12 fr.

VANDEVELDE. — La tactique appliquée au terrain. 1 vol. in-8° avec atlas. . . . . 7 fr. 50

VANDEVELDE. — Manuel de reconnaissances, d'art et de sciences militaires, ou Aide-mémoire pour servir à l'officier en campagne. 1 vol. in-18 avec planches . . . . 5 fr.

VANDEVELDE. — Précis historique et critique de la campagne d'Italie en 1859. 1 vol. in-8° avec cartes et plans. . . 12 fr.

VANDEVELDE. — La guerre de 1866 en Allemagne et en Italie. 1 vol. in-8° avec cartes . . . . 6 fr.

VANDEVELDE. — Commentaire sur la tactique à propos du *Mémoire militaire* par le prince Frédéric-Charles de Prusse. Br. in-8°. 2 fr.

VARNHAGEN VON ENSE. — Vie de Seydlitz, traduit de l'allemand par Savin de Larclause. 1 vol. in-8° avec portrait et plans. 5 fr.

VERTRAY. — Album de l'expédition française en Italie en 1849, contenant 14 dessins, 4 cartes topographiques indiquant les opérations militaires, avec un texte explicatif. 1 vol. grand in-folio. . . . . 10 fr.

WAUWERMANS. — Mines militaires. Études sur la science du mineur et les effets dynamiques de la poudre (application de la thermodynamique). 1 vol. in-8° avec planches . . . 7 fr. 50

WAUWERMANS. — Applications nouvelles de la science et de l'industrie à l'art de la guerre. — Télégraphie militaire. — Aéro station. — Éclairage de guerre. — Inflammation des mines. 1 vol. in-8° avec figures. . . . . 4 fr.

NOUVELLES PUBLICATIONS

BAYLE. — L'électricité appliquée à l'art de la guerre. Br. grand in-8° avec planches. . . . . 3 fr.

BODY. — Aide-Mémoire portatif de campagne pour l'emploi des chemins de fer en temps de guerre, d'après les derniers événements et les documents les plus récents. 1 vol. in-18 avec planches . . . . 4 fr.

FIX. — Guide de l'officier et du sous-officier aux avant-postes, d'après les meilleurs auteurs. 1 vol. in-18 . . . . 2 fr 50

ODIARDI. — Les armes à feu portatives rayées de petit calibre. 1 vol. in-8° avec planches . . . . 3 fr.

PEIN. — Lettres familières sur l'Algérie, un petit royaume arabe. 1 vol. in-12. . . . . 3 fr.

POULAIN. — Lettres sur l'artillerie moderne, canon de 7 et gargousse obturatrice, le bronze et l'acier, mitrailleuse française. Br. in-8° . . . . 1 fr.

SUZANNE. — Des causes de nos désastres ; la proscription des armes et le monopole de l'artillerie. Br. grand in-8 . . 2 fr

---

Paris, Imp. H. Carion, rue Bonaparte 64.